U0580406

理响中国·学习问答

——为什么坚持走这样的路

学习时报编辑部 编

人 民 出 版 社

本书编委会

何忠国　王君琦　石　伟　李　莹　田　旭　海丽华

主　编：何忠国

副主编：李　莹　田　旭　海丽华

目 录
CONTENTS

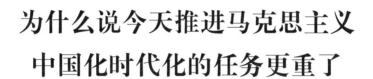

为什么说今天推进马克思主义中国化时代化的任务更重了

- ·沈传亮·-

扫描观看
同名微视频

　　"今天，我们推进马克思主义中国化时代化的任务不是轻了，而是更重了"是习近平总书记 2023 年 6 月 30 日在二十届中央政治局第六次集体学习时的讲话中提出来的。这一重大观点，富有深意，具有鲜明的时代性和针对性。一般来说，我们党推进马克思主义中国化时代化的任务主要包括推进理论创新、做好理论武装、深化理论研究三个方面。100 多年来，我们党一直重视推进马克思主义中国化时代化，并且取得了历史性突破和历史性成就。今天说这个任务不是轻了而是重了，主要是指面对新的实际和新的需要，我们党的理论创新、理论武装、理论研究的任务和以往相比确实更难了更重了。

　　理论创新的任务更重了。实践发展永无止

境，理论创新也永无止境。当今世界正在经历百
年未有之大变局，它的具体表现是全球政治经济
格局发生深刻调整、发展中国家话语权日益走
强，逆全球化潮流汹涌、一些国家动辄退群结
网，新一轮科技革命和产业变革方兴未艾，大数
据、人工智能等新产业新业态不断涌现，大国竞
争出现新态势，地区热点此起彼伏等等。当代中
国正在经历着有史以来最为广泛而深刻的社会变
革，正在推进中国式现代化这一人类历史上非常
宏大而独特的实践创新，处于民族复兴的关键时
期。可以说，在世界面临百年未有之大变局和中
华民族伟大复兴战略全局相互交织、深度互动的
时代背景下，人类社会面临许多亟待解决的共同
问题，我国在改革发展稳定、内政外交国防、治
党治国治军等各个领域也都面临着一系列新的重
大课题，中国之问、世界之问、人民之问、时代

之问给我们提出的新考题比过去更复杂、更难。
新形势新课题新考题都在考验我们理论创新的勇
气、智慧，迫切需要我们从理论上给出答案。

回顾党的百余年奋斗史，我们党之所以能够
在革命、建设、改革各个历史时期取得重大成
就，能够领导人民完成中国其他政治力量不可能
完成的艰巨任务，根本在于掌握了马克思主义科
学理论，并不断结合新的实际推进理论创新。展
望新时代新征程，我们必须坚持把马克思主义基
本原理同中国具体实际相结合、同中华优秀传统
文化相结合，在新一轮科技革命、全球经济发展
大格局和我国发展的阶段性特征中深化对推动高
质量发展、构建新发展格局的规律性认识，在世
界马克思主义政党命运比较和我们党长期执政面
临的现实考验中深化对党的自我革命战略思想的
规律性认识，全面系统地提出解决现实问题的科

学理念，让当代中国马克思主义、21 世纪马克思主义展现出更为强大、更有说服力的真理力量。

理论武装的任务更重了。理论创新每前进一步，理论武装就要跟进一步。重视理论创新、理论武装，一直是中国共产党的优良传统和鲜明品格。在 21 世纪的中国，开展理论武装，一方面要做好理论宣传工作，让理论能够"飞入寻常百姓家"。新时代以来，我们通过开展集中学习教育、实施马克思主义理论研究和建设工程、建设新时代文明实践中心、编写理论通俗读物、拍摄理论专题片、抓好"学习强国"平台等，做了大量理论宣传工作。下一步要紧盯文风转变这个理论宣传的关键环节、难点堵点，切实把理论话语这个"普通话"转化成为大众喜闻乐见的"地方话"，使之更接地气、更有烟火味。

　　另一方面要做好理论教育工作，以党校（行政学院）这个党员、干部理论教育的主渠道为抓手，统筹建好干部教育培训机构体系。理论教育的重点是马克思主义基本理论，尤其是突出党的创新理论教育，坚持用习近平新时代中国特色社会主义思想统一思想、统一意志、统一行动，教育引导干部全面系统掌握这一思想的基本观点、科学体系，把握好这一思想的世界观、方法论，坚持好、运用好贯穿其中的立场观点方法。从事党员、干部教育培训的教师要进一步提高讲授水平，切实把理论讲深讲透讲活。理论宣传和理论教育的对象各有侧重、相互补充，共同构成一张理论传播大网，实现受众对象的全覆盖。还要认识到，做好理论宣传和理论教育的前提是抓好理论学习。搞理论宣传和理论教育的人首先要抓好理论学习。没有认真学习，宣传有可

能跑偏、教育有可能降质。只有原原本本读原
著、学原文、悟原理，才能做好理论宣传和理论
教育工作。

理论研究的任务更重了。理论研究是理论创
新和理论武装的基础。没有全面系统深入的理论
研究，理论创新就会失去源泉，理论武装就会失
去准星。以开展新时代党的创新理论研究为例，
我认为目前至少存在三个难题，一是体系化研
究，二是学理化阐释，三是原理性贡献分析。这
三个难题考验着广大的哲学社会科学工作者。
习近平新时代中国特色社会主义思想内涵极其丰
富，涵盖改革发展稳定、内政外交国防、治党治
国治军方方面面，涉及历史和现实、理论和实
际、国内和国外等各种重大关系。目前，有关部
门已经出版了《习近平谈治国理政》四卷、
《习近平著作选读》两卷，印发的习近平总书记

有关论述摘编有几十本。面对众多的读本和博大精深的思想体系，不少人都有点理论之山难以攀登的感觉。如何通过体系化的研究、学理化的阐释、原理性贡献分析，让这一重要思想走近群众、走进党员、干部内心，给广大的哲学社会科学工作者提出了迫切要求。我认为，进行体系化研究，可以尝试聚焦新时代党的创新理论自身的主题主线、回答的诸多基本问题等展开深入探讨；进行学理化阐释，可以尝试对新时代党的创新理论的基本观点、重大论断等展开学科性思考；进行原理性贡献分析，可以尝试对新时代党的创新理论的立场观点方法等展开哲理性分析。

简言之，在中国迫切需要理论的时代，我们党创造出了科学理论，这个理论就是习近平新时代中国特色社会主义思想。正是在这个理论的引领下我们党和国家取得了伟大成就，中华民族伟

大复兴进入不可逆转的历史进程。未来，我们要
继续前进，实现美好目标，就要把推进马克思主
义中国化时代化这个光荣任务扛在肩上，努力贡
献自己的智慧和力量。

（作者系中央党校（国家行政学院）研究室
主任、教授）

2024 年 10 月 25 日《学习时报》

为什么说发展新质生产力是
推动高质量发展的重要着力点

-·刘　震·-

扫描观看
同名微视频

2023 年 9 月 7 日，习近平总书记在新时代推动东北全面振兴座谈会上首次提出新质生产力："积极培育新能源、新材料、先进制造、电子信息等战略性新兴产业，积极培育未来产业，加快形成新质生产力，增强发展新动能。"2023 年 9 月 8 日，在听取黑龙江省委和省政府工作汇报时，习近平总书记再次强调："整合科技创新资源，引领发展战略性新兴产业和未来产业，加快形成新质生产力。"习近平总书记关于新质生产力的一系列重要论述，是对马克思主义生产力理论的创新和发展，进一步丰富了习近平经济思想的内涵，为推进高质量发展和中国式现代化提供了科学指引。

按照马克思主义政治经济学基本原理，生产

力是不断发展变化的，即马克思所说，"劳动生产力是随着科学和技术的不断进步而不断发展的"。新质生产力是由技术革命性突破、生产要素创新性配置、产业深度转型升级而催生的当代先进生产力，它以劳动者、劳动资料、劳动对象及其优化组合的质变为基本内涵，以全要素生产率大幅提升为核心标志。加快发展新质生产力，是新时代新征程解放和发展生产力的客观要求，是推动生产力迭代升级、实现现代化的必然选择。加快培育壮大新质生产力要把握好以下三点。

一是打造新型劳动者队伍，包括能够创造新质生产力的战略人才和能够熟练掌握新质生产资料的应用型人才。与新质生产力相匹配的是知识型、技能型、创新型劳动者，这需要加强对人才的培养和引进，提高劳动者的素质和技能水平，

以适应新质生产力发展的需求。党的二十大报告提出，加快建设国家战略人才力量，努力培养造就更多大师、战略科学家、一流科技领军人才和创新团队、青年科技人才、卓越工程师、大国工匠、高技能人才。相比于传统生产力，新质生产力更加依赖高素质、创新型的劳动者通过使用先进的劳动工具来组织、整合劳动资料和劳动对象，开展生产活动。发展新质生产力不仅需要具备原创性、颠覆性科技创新能力的战略科学家、一流科技领军人才和创新团队，也需要能够熟练运用新质生产工具、在前沿技术转化过程中发挥关键作用的应用型高技能人才，特别是技艺精湛、代表行业最高水平的大国工匠人才。党的十八大以来，我国高技能人才队伍规模快速壮大、素质大幅提升，技能人才总量已超 2 亿人，高技能人才超过 6000 万人。但当前仍存在总量不足、

结构不优、技岗不匹配等问题，迫切需要发挥大
国工匠的示范引领作用，加快建设高素质技能人
才梯队。

二是用好新型生产工具，特别是掌握关键核
心技术，赋能发展新兴产业。加强对新技术的研
发和应用，推动技术创新和产业升级，以提高生
产效率和产品质量。培育壮大新质生产力，科技
创新是核心驱动力，培育新产业是重点任务。
习近平总书记强调，"发展新质生产力不是要忽
视、放弃传统产业"，"以科技创新为引领，统
筹推进传统产业升级、新兴产业壮大、未来产业
培育"。从科技革命和产业变革的一般规律看，
新质生产力会催生一些部门的增长，主要包括动
力产业、先导产业、新型基础设施产业和引致性
产业这四大类部门，以及与之相对应的通用技
术、先导技术、新型基础设施技术和传统产业改

造技术。这些技术和产业一起构成了新质生产力的技术体系和产业体系。以人工智能这一当前最重要的通用技术为例，已经渗透到了工业、农业、服务业等部门，形成了一系列先导技术，以及全新的产品和流程，催生出一批即将进入产业爆发期的先导产业。例如，人工智能技术应用到汽车领域，催生了智能网联汽车这一全新产品，形成了智能决策、智能控制、环境感知等相关的先导技术，围绕智能网联汽车的产业生态也在快速形成。

三是塑造适应新质生产力的生产关系，通过改革开放着力打通束缚新质生产力发展的堵点卡点，让各类先进优质生产要素向发展新质生产力顺畅流动和高效配置。加快培育发展数据、算力等新质生产力要素，进一步提升数据要素供给质量，健全数据要素市场体制机制，创新数据要素开发利用机制，以释放数据红利，形成更加完整贯通的数据链。加强政策引导和制度创新，优化生产关系，以适应新质生产力的发展需求。通过深化区域合作机制完善市场经济制度，加快建设全国统一大市场，助力各类生产要素合理流动和高效集聚，放大各自比较优势、合力发展，因地制宜构建现代化产业体系，加强与其他重大发展战略的衔接，更好融入和支持新发展格局。

除了以上三点，在加快培育壮大新质生产力的过程中也要正确处理好政府与市场的关系。一方面，强化企业科技创新主体地位。企业作为生产经营主体，在发展新质生产力中发挥着关键作用。如身处中部地区的一家钢铁集团，近年来不断创新升级，实现了新质生产力的快速发展，重点品种钢销量占比达到 62%，为深中通道、港珠澳大桥、北京大兴国际机场、"深海一号"等

多个"超级工程"提供优质钢材产品。同时也要考虑到由于原创性、颠覆性的科技创新活动使创新成果的不确定性更加突出，难以产生短期的投资回报。多数处于初创阶段的科创企业通常会面临融资难、融资贵等问题。培育和发展新质生产力需要引入更多金融资源，引导长线资金不断加大供给，而强化金融创新、加大金融供给，正是加快培育新质生产力的重要引擎。

另一方面，更好发挥政府作用。政府需要引导支撑基础性、关键性技术的研发攻关，加大科技研发、人才培养投入力度，通过财政和税收支持，协同产业链上下游企业创新发展。同时，政府还需要处理好生产力与生产关系的关系，加快形成新质生产力需要处理好体制机制改革问题。如督促地方进一步找到自身优势，立足各地资源禀赋、产业基础、科研条件等，统筹推进传统产业升级、新兴产业壮大、未来产业培育，确保各地在布局新质生产力中迸发比较优势，携手而进。新时代新征程，各地要清晰把握自身在区域协调发展、国家战略布局中的定位，放眼长远、多方发力，确保产业政策、经济政策、金融政策以及用地、人才、技术投入等"一路绿灯"，营造更优质的创新环境和制度体系，继续提高原始创新能力，完善人才培养、引进、使用、合理流动的工作机制，做好产学应用的结合，确保实现新产业、新模式、新动能的发展，在建设现代化产业体系和全面高质量发展的进程中迸发更蓬勃的力量。

（作者系清华大学马克思主义学院长聘教授、博士生导师）

2024 年 11 月 1 日《学习时报》

为什么说"两个结合"是
我们取得成功的最大法宝

-·董　彪·-

扫描观看
同名微视频

　　2023 年，习近平总书记在文化传承发展座谈会上指出，"历史正反两方面的经验表明，'两个结合'是我们取得成功的最大法宝。""两个结合"不仅被称为法宝，而且被称为"最大"法宝，这是一个重要的历史判断和理论论断。这是我们党立足百年奋斗历程，总结各方面的经验，深化对理论创新的规律、对社会主义建设规律和中华文明发展规律得出的科学结论。

　　首先，"两个结合"是推进党的理论创新的重要法宝。马克思主义不是教条，不是封闭僵化的体系，其科学性、人民性、实践性，决定了其发展开放性的特征。只有深深扎根于本国的具体实际和本民族的历史文化沃土，马克思主义真理之树才能根深叶茂。19 世纪末，恩格斯在讨论

美国工人运动的时候，曾就社会主义工人党如何
结合美国实际发表了看法，认为这个"移自外
域"的党要加速自身的胜利，就"必须完全脱
下它的外国服装""必须学习英语"。恩格斯无
疑道出了马克思主义传播和发展的真谛。马克思
主义要在中国发挥跨越时空的思想伟力，也必须
"穿中国服装""讲中国话"。1938年党的六届
六中全会上，毛泽东强调必须"使马克思主义
在中国具体化，使之在其每一表现中带着必须有
的中国的特性"。回顾百年党史，我们党之所以
能够取得成功，根本在于拥有马克思主义理论的
科学指导，在于坚持在实践基础上不断推动理论
创新。历史已经证明并将继续证明，中国共产党
为什么能，中国特色社会主义为什么好，归根到
底是马克思主义行，是中国化时代化的马克思主
义行。在新时代新征程上，必须坚持马克思主义

基本原理同中国具体实际相结合，运用马克思主义的科学世界观和方法论解决中国之问、世界之问、人民之问、时代之问；必须坚持马克思主义基本原理同中华优秀传统文化相结合，把马克思主义思想精髓同中华优秀传统文化精华贯通起来，聚变为新的理论优势，不断攀登新的思想高峰。

其次，"两个结合"是党和人民事业走向胜利的重要法宝。我们党之所以能够在革命、建设、改革各个历史时期取得重大成就，根本在于掌握了马克思主义科学理论，并不断结合新的实际推进理论创新，取得了毛泽东思想、邓小平理论、"三个代表"重要思想、科学发展观、习近平新时代中国特色社会主义思想等重大理论成果。正是坚持马克思主义基本原理同中国具体实际相结合，我们党始终能够在不同历史时期科学判断中国社会的根本性质、主要矛盾、发展阶段、战略任务、依靠力量,掌握了改变中国的强大真理力量。在新时代新征程上,我们党在"第一个结合"的基础上明确提出"第二个结合",这是我们在探索中国特色社会主义道路中得出的规律性认识。习近平总书记指出,"如果没有中华五千年文明,哪里有什么中国特色?如果不是中国特色,哪有我们今天这么成功的中国特色社会主义道路?"中国特色社会主义道路首先是社会主义,这是从马克思主义那里来的;同时,中国文化中朴素的社会主义元素也提供了中国接受马克思主义的文化基础。面向未来,用马克思主义真理之光激活中华优秀传统文化的优秀因子并赋予新的时代内涵,是中国特色社会主义道路、理论和制度创新发展的源头活水。"第二个结合"让中国特色社会主义道路有了更加宏阔的历史纵

深、更加深厚的文化底蕴、更加显著的比较优势。在中国特色社会主义新时代,坚持"两个结合"是党和国家事业取得历史性成就、发生历史性变革的重要法宝,也是我们的道路越走越宽广、越走越坚定的重要法宝。

最后,"两个结合"是推动中华文明现代转型的重要法宝。中华民族是世界上伟大的民族,有着5000多年源远流长的文明历史,为人类文明进步作出了不可磨灭的贡献。1840年鸦片战争以后,中国逐步成为半殖民地半封建社会,国家蒙辱、人民蒙难、文明蒙尘,中华民族遭受了前所未有的劫难。伴随民族危亡的是对民族振兴的渴望,伴随文明蒙尘的是对文明复兴的追求。19世纪末20世纪初,中国具有进步思想的仁人志士为了救国救民上下求索、不断探寻真理,最终选择了马克思主义。"理论在一个国家实现的程度，总是决定于理论满足这个国家的需要的程度。"马克思主义之所以能够改变中国，就在于符合近代中国人救亡图存的需要。近代中国社会主要矛盾是帝国主义和中华民族的矛盾、封建主义和人民大众的矛盾。马克思主义对资本主义和帝国主义的无情批判以及对被压迫国家和民族的深刻同情，使其在理论上和情感上都更容易被中国人接受。列宁领导的俄国十月革命的成功则使中国人认识到，在封建主义旧路和资本主义歧路之外，我们还可以选择社会主义的文明发展道路。正是通过"两个结合"，马克思主义的真理之光击中中国这块古老土地，并转化为改造社会的物质力量，使中国社会重新塑形；马克思主义的真理之光激活了中华优秀传统文化的哲学智慧、道德理念、人文精神、教化思想等，使中国人重新铸魂。"结合"的结果是相互成就，其让

马克思主义成为中国的，中华优秀传统文化成为现代的，造就了你中有我、我中有你的新的文化生命体。在新征程上正确理解和大力推进中国式现代化，必须深刻认识到，中国式现代化是赓续古老文明的现代化，而不是消灭古老文明的现代化；中国式现代化是文明更新的结果，不是文明断裂的产物。中国式现代化将充分弘扬中华文明的突出特性，并为中华文明注入现代力量；中华文明将增强中国式现代化的历史底蕴，并彰显中国式现代化的民族特色。中国式现代化是中华民族的旧邦新命，必将推动中华文明在现代转型中重焕荣光。

简言之，"两个结合"是我们党推动马克思主义中国化时代化宝贵经验的深刻总结，是开辟和发展中国特色社会主义道路的规律性认识，也是弘扬发展中华优秀传统文化、推动中华文明现代转型的基本路径。

（作者系北京大学习近平新时代中国特色社会主义思想研究院研究员、博士生导师）

2024 年 11 月 8 日《学习时报》

为什么说要在高质量发展中促进共同富裕

—·阎荣舟·—

扫描观看
同名微视频

习近平总书记指出，"共同富裕是社会主义的本质要求，是中国式现代化的重要特征，要坚持以人民为中心的发展思想，在高质量发展中促进共同富裕"。因此，在全面建设社会主义现代化国家的新征程中，我们必须坚持高质量发展这个新时代硬道理，做好做大"蛋糕"夯实共同富裕的物质基础，分好"蛋糕"让发展成果更多更公平惠及全体人民，推动全体人民共同富裕，坚定走好物质文明和精神文明相协调的中国式现代化道路。

实现高质量发展是我国经济社会发展的现实主题，关系我国社会主义现代化建设全局，是新时代的硬道理。首先，高质量发展是中国式现代化的本质要求之一。改革开放以来，我们牢牢把

握发展这一党执政兴国的第一要务，推动我国经
济快速发展，如期全面建成小康社会、实现第一
个百年奋斗目标，迈上全面建设社会主义现代化
国家、向实现第二个百年奋斗目标进军的新征
程。但我国是一个发展中的大国，仍处于社会主
义初级阶段，只有进一步提高经济总量规模、发
展效益，才能夯实中国式现代化的物质基础。其
次，高质量发展是在新征程上解决我国社会主要
矛盾的重要支撑。进入新时代，我国社会主要矛
盾已经转化为人民日益增长的美好生活需要和不
平衡不充分的发展之间的矛盾。只有实现高质量
发展，才能解决地区差距、城乡差距、收入差距
等问题，更好促进人的全面发展和社会全面进
步，不断增强人民群众获得感、幸福感、安全
感；只有高质量发展，才能提高全要素生产率，
塑造发展新动能新优势，确保中国式现代化持续

顺利推进。最后，高质量发展是应对国际环境深刻变化、应对各种风险挑战的重要保障。只有推动高质量发展，才能实现重要产业、基础设施、战略资源、重大科技等关键领域安全可控，才能防范和化解重大风险，守住安全底线，确保我国社会主义现代化事业顺利推进。

高质量发展是我们党把握发展规律从实践认识到再实践再认识的重大理论创新，需要完整准确全面把握其科学内涵。首先，从坚持人民至上角度把握这一内涵。只有坚定不移走高质量发展之路，不断破解发展不平衡、不协调、不可持续问题，才能不断把人民对美好生活的向往变为现实。其次，从新发展理念角度把握这一内涵。高质量发展是体现新发展理念的发展，因此，要深刻认识新发展理念的系统性和实践性特征。创新发展注重的是解决发展动力问题，协调发展注重的是解决发展不平衡问题，绿色发展注重的是解决人与自然和谐问题，开放发展注重的是解决发展内外联动问题，共享发展注重的是解决社会公平正义问题。高质量发展就是将新发展理念落实到实践层面，努力实现更高质量、更有效率、更加公平、更可持续、更为安全的发展。最后，从经济社会发展方式角度把握这一内涵。高质量发展的基本要求是生产要素投入少、资源配置效率高、资源环境成本低、经济社会效益好。从根本上说，高质量发展是从解决社会各方面产品和服务供给"有没有""大不大""足不足"转向解决"好不好""优不优""美不美"的问题，是经济社会发展方式由注重速度转向注重质量和效益的发展。

只有高质量发展才能促进共同富裕。我国已经到了扎实推动共同富裕的历史阶段，但必须清

醒地意识到，发展不平衡不充分的问题仍然突出，城乡区域发展和收入分配差距仍然较大，因此，实现共同富裕是一个发展的命题、协调的命题、民生的命题。在推进中国式现代化进程中实现共同富裕，必须探索出一条具有平衡性、协调性和包容性的高质量发展之路。

共同富裕是一个发展命题。只有不断提高发展质量效益，不断解放和发展生产力，才能为保障和改善民生提供坚实的物质基础。当前，要在巩固拓展脱贫攻坚成果的基础上，以乡村全面振兴为抓手全面推进农村共同富裕工作。统筹新型城镇化和乡村全面振兴，全面提高城乡规划、建设、治理融合水平，促进城乡要素平等交换、双向流动，缩小城乡差别，推动更大力度、更宽领域、更深层次的城乡融合发展，促进城乡共同繁荣发展。健全推进新型城镇化体制机制，推行由常住地登记户口提供基本公共服务制度，推动符合条件的农业转移人口社会保险、住房保障、随迁子女义务教育等享有同迁入地户籍人口同等权利，加快农业转移人口市民化。深化承包地所有权、承包权、经营权分置改革，依法维护进城落户农民的土地承包权、宅基地使用权、集体收益分配权。健全便捷高效的农业社会化服务体系，发展新型农村集体经济，构建产权明晰、分配合理的运行机制，赋予农民更加充分的财产权益。增强城乡生态治理的整体性和联动性，加快形成城乡生态融合治理新局面，缩小城乡发展差距从而促进共同富裕。

共同富裕是一个协调命题。没有高质量发展就没有共同富裕，实现共同富裕既是一个客观的物质积累过程，又是一个从局部到整体的协同推进过程，需要分步骤有秩序地进行，允许一部分

人、一部分地区通过诚实劳动和合法经营先富起来，然后帮助和带动更多乃至全国各族人民富裕起来。"实现共同富裕不仅是经济问题，而且是关系党的执政基础的重大政治问题。要统筹考虑需要和可能，按照经济社会发展规律循序渐进"。扎实推动共同富裕要发挥我国社会主义制度优势，推动发达地区持续发挥对欠发达地区的带动作用，发挥区域整体效能，缩小区域发展差距，增强发展的整体性。

共同富裕是一个民生命题。共同富裕起于物质满足成于精神幸福，是以实现人的全面发展为目的的包容性发展。共同富裕要"富裕"，"富裕"反映了资源配置效率，是社会生产力发展水平的直接体现；共同富裕要"共同"，"共同"反映了社会成员分配财富的公平，是社会生产关系和谐持续的集中体现。从人民根本利益出发，推进教育、医疗、住房、养老等公共服务均等化，实现公共服务优质共享，这是促进共同富裕的重要支撑。同时，作为民生命题，共同富裕又是提高人民福祉的尽力而为和量力而行相统一的逐步富裕。除了继续推进经济发展、做好做大"蛋糕"外，还要不断改善分配机制，分好"蛋糕"。要在有效解决最急迫、最基础、最底线的民生问题基础上，向着解决高层次问题的方向迈进。也就是说，实现高质量发展推动共同富裕，是一个分层次、分阶段、渐进向上的动态发展过程，必须持续推动、久久为功，不断满足人民日益增长的美好生活需要。

（作者系中央党校（国家行政学院）经济学教研部教授）

2024 年 11 月 15 日《学习时报》

为什么说新发展理念是
一个系统的理论体系

－·刘瑞明·－

扫描观看
同名微视频

习近平总书记指出，"新发展理念是一个系统的理论体系，回答了关于发展的目的、动力、方式、路径等一系列理论和实践问题，阐明了我们党关于发展的政治立场、价值导向、发展模式、发展道路等重大政治问题，全党必须完整、准确、全面贯彻新发展理念"。完整、准确、全面贯彻新发展理念，是经济社会发展的工作要求，也是十分重要的政治要求。把党中央关于贯彻新发展理念的要求落实到工作中，前提是必须准确理解和把握"新发展理念是一个系统的理论体系"的深刻内涵。

纵观人类社会，经济社会的发展可以归纳为三个核心问题：发展的动力源泉是什么？发展的方式如何选择？发展的目的是什么？实现高质量

的发展，必然对发展的动力、方式和目的等关键
问题提出更高的要求。从现实来看，中国特色社
会主义进入新时代，以"创新、协调、绿色、
开放、共享"为内核的新发展理念顺应时代发
展潮流，形成了一个系统的理论体系，集中反映
了我们党对经济社会发展规律认识的深化。

新发展理念是我们在深刻总结国内外发展经
验教训的基础上形成的，也是在深刻分析国内外
发展大势的基础上形成的，坚持创新发展、协调
发展、绿色发展、开放发展、共享发展，是关系
我国发展全局的一场深刻变革。创新是引领发展
的第一动力，协调是持续健康发展的内在要求，
绿色是永续发展的必要条件和人民对美好生活追
求的重要体现，开放是国家繁荣发展的必由之
路，共享是中国特色社会主义的本质要求。在这
个有机统一体中，"创新"解决的是高质量发展

的动力问题，"协调、绿色、开放"是指高质量
发展的实现方式，而"共享"则是高质量发展
的目标。

第一，创新是引领发展的第一动力。"我国
经济发展要突破瓶颈、解决深层次矛盾和问题，
根本出路在于创新。"一般而言，创新有两个维
度：一个是技术创新，另一个是制度创新，二者
相辅相成。从技术创新的角度看，当前，我们面
临着新一轮科技革命和产业变革的重要机遇，
"新一轮科技革命和产业变革与我国加快转变经
济发展方式形成历史性交汇，为我们实施创新驱
动发展战略提供了难得的重大机遇"。这就要求
我们必须加强科技创新特别是原创性、颠覆性科
技创新，加快实现高水平科技自立自强，打好关
键核心技术攻坚战，使原创性、颠覆性科技创新
成果竞相涌现，培育发展新产业、新模式、新动

能。从制度创新的角度看，改革开放 40 多年的
高速增长经验表明，制度创新同样至关重要。正
是在改革开放的基本国策下，我们坚持"改革
不停顿、开放不止步"，不断地通过在各个领域
的制度创新，释放了巨量的生产力，我们国家才
取得了举世瞩目的成就，造就了"中国奇迹"。
因此，我们必须把"创新摆在国家发展全局的
核心位置"，让创新贯穿党和国家一切工作，让
创新在全社会蔚然成风。

第二，协调、绿色、开放是高质量发展的实
现方式。从历史的演进来看，经济发展方式有很
多种选择。在各个国家的发展过程中，具体的经
济发展方式也往往千差万别。历史实践证明，这
些道路和方式存在着巨大的差异，也为这些国家
的发展带来了不同的后果。新时代我国经济发展
的特征，是已由高速增长阶段转向高质量发展阶

段。高质量发展，就是能够很好满足人民日益增长的美好生活需要的发展，是体现新发展理念的发展。在高质量发展中，协调成为内生特点、绿色成为普遍形态、开放成为必由之路，因此，可以概括地说，高质量发展必然以协调、绿色、开放的形式来实现。

协调是高质量发展的内生特点。如果发展不协调，也必然意味着发展的不平衡，就会构成经济社会发展的严重障碍。就中国改革开放的历程来看，尽管我们已经取得了巨大的成就，但是必须认识到，我国是一个发展中大国，仍处于社会主义初级阶段，城乡差距、区域差距、经济发展与社会发展脱节、人与自然不和谐等问题依然存在。如果不能够解决制约协调发展的矛盾和问题，就不可能真正实现高质量发展，这就要求我们，必须"学会运用辩证法，善于'弹钢琴'，处理好局部和全局、当前和长远、重点和非重点的关系，着力推动区域协调发展、城乡协调发展、物质文明和精神文明协调发展，推动经济建设和国防建设融合发展"。

绿色是高质量发展的普遍形态。历史证明，如果通过粗放式的资源开采、环境破坏来换取短期的经济增长，其代价是极其昂贵的，是得不偿失的。绿色发展是高质量发展的底色。习近平总书记指出："坚持绿色发展，就是要坚持节约资源和保护环境的基本国策，坚持可持续发展，形成人与自然和谐发展现代化建设新格局，为全球生态安全作出新贡献。"

开放是高质量发展的基本保障。世界范围内的自由贸易有助于全世界各国的发展和繁荣，开放与贸易对于经济发展至关重要。在全球化的进程中，人类的福利得到了极大的增进。改革开放

是中国的基本国策，也是今后推动中国发展的根本动力，更是实现中国式现代化的必然抓手。

第三，共享是高质量发展的根本目的。共同富裕是中华民族千百年来的美好期盼，也是中国式现代化的重要特征。我们强调共享，是因为要解决经济社会发展的目标正义性问题。经济发展如果不能被创造者公平分享，一方面会丧失社会的公平正义，另一方面也会失去经济持续发展的动力源泉。所以，"让广大人民群众共享改革发展成果，是社会主义的本质要求，是社会主义制度优越性的集中体现，是我们党坚持全心全意为人民服务根本宗旨的重要体现"。

正是因为新发展理念系统地回答了我们经济社会发展中的动力源泉、发展方式、发展目的等关键问题，形成了一个有机统一体，因此说新发展理念是一个系统的理论体系。新发展理念的五大"元素"共同构成了高质量发展的战略指引和重要遵循，缺一不可。"新时代新阶段的发展必须贯彻新发展理念，必须是高质量发展"，只有坚持新发展理念，不断深化推进改革开放，扎实构建现代化经济体系，才能进一步激活发展的内生动力，保证未来经济的高质量发展，顺利推进中国式现代化。也唯有如此，才能够将我国建设成为富强民主文明和谐美丽的社会主义现代化强国，实现中华民族伟大复兴的中国梦！

（作者系中国人民大学国家发展与战略研究院教授、国有经济研究院执行院长）

2024 年 11 月 22 日《学习时报》

为什么说构建新发展格局是审时度势作出的重大决策

—·陈　佳·—

扫描观看
同名微视频

2020 年 4 月，习近平总书记提出构建以国内大循环为主体、国内国际双循环相互促进的新发展格局。10 月，党的十九届五中全会对构建新发展格局作出全面部署。构建新发展格局是一项关系我国发展全局的重大战略任务，是把握未来发展主动权的战略性布局和先手棋，是立足实现第二个百年奋斗目标、统筹发展和安全作出的战略决策，是新发展阶段要着力推动完成的重大历史任务，需要从全局高度准确把握和积极推进。

从根本上说，构建新发展格局是适应我国发展新阶段要求、塑造国际合作和竞争新优势的必然选择。改革开放前，我国经济以国内循环为主，进出口占国民经济的比重很小。改革开放后，我们打开国门，扩大对外贸易和吸引外资。特别是 2001 年加入世贸组织后，我国深度参与国际分工，融入国际大循环，形成市场和资源"两头在外"的发展格局，对我们抓住经济全球化机遇快速提升经济实力、改善人民生活发挥了重要作用。

党的十八大以来，我们坚持实施扩大内需战略，使发展更多依靠内需特别是消费需求拉动。我国对外贸易依存度下降到 2023 年的约 33%，经常项目顺差占国内生产总值比重由最高时的 10% 以上降至目前的 1% 左右，内需对经济增长的贡献率平均达 95.3%。我们提出构建新发展格局，是对我国客观经济规律和发展趋势的自觉把握，是有实践基础的。

未来一个时期，我国国内市场主导经济循环的特征会更加明显，经济增长的内需潜力会不断

释放。从需求看,我国拥有 14 亿多人口,其中有 4 亿多中等收入人群,我国商品零售额即将超过美国,位居世界首位,今后还有稳步增长空间。从供给看,我国基于国内大市场形成的强大生产能力,能够促进全球要素资源整合创新,使规模效应和集聚效应最大化发挥。只要顺势而为、精准施策,我们完全有条件构建新发展格局、重塑新竞争优势。

综上所述,构建新发展格局是把握发展主动权的先手棋,不是被迫之举和权宜之计。而准确理解构建新发展格局的关键所在、最本质特征、重要前提和保障等内涵与要求,有利于我们从把握未来发展主动权的高度进一步认识加快构建新发展格局的重大意义。

经济循环的畅通无阻是构建新发展格局的关键。加快培育完整内需体系是畅通国民经济循

环、增强国内大循环主体地位的重要基础，要推
进深层次改革和强化政策引导，着力打通制约经
济循环的关键堵点；坚持以推动高质量发展为主
题，把实施扩大内需战略同深化供给侧结构性改
革有机结合起来，着力提升供给体系对国内需求
的适配性，形成需求牵引供给、供给创造需求的
更高水平动态平衡；加强现代流通体系建设，完
善硬件和软件、渠道和平台，夯实国内国际双循
环的重要基础。

实现高水平的自立自强是构建新发展格局最
本质的特征。当前，我国经济发展环境出现了变
化，特别是生产要素相对优势出现了变化。劳动
力成本在逐步上升，资源环境承载能力达到了瓶
颈，旧的生产函数组合方式已经难以持续，科学
技术的重要性全面上升。在这种情况下，自主创
新事关生存和发展，科技创新和突破产业瓶颈成

为"十四五"规划建议中的重要内容。要全面加强对科技创新的部署，集合优势资源，有力有序推进创新攻关的"揭榜挂帅"体制机制，加强创新链和产业链对接，明确路线图、时间表、责任制。

充分利用和发挥、不断巩固和增强市场资源优势，是构建新发展格局的雄厚支撑。根据我国经济发展实际情况，建立起扩大内需的有效制度，释放内需潜力，加快培育完整内需体系，加强需求侧管理，扩大居民消费，提升消费层次，使建设超大规模的国内市场成为一个可持续的历史过程。

构建新发展格局，实行高水平对外开放，必须具备强大的国内经济循环体系和稳固的基本盘。既要持续深化商品、服务、资金、人才等要素流动型开放，又要稳步拓展规则、规制、管理、标准等制度型开放。加强国内大循环在双循环中的主导作用，塑造我国参与国际合作和竞争新优势。重视以国际循环提升国内大循环效率和水平，改善我国生产要素质量和配置水平。通过参与国际竞争，增强我国出口产品和服务竞争力，推动我国产业转型升级。

城乡经济循环是国内大循环的重要方面，也是确保国内国际两个循环比例关系健康的关键因素。实现农业农村现代化是全面建设社会主义现代化国家的重大任务，是解决发展不平衡不充分问题的必然要求。坚持把解决好"三农"问题作为全党工作重中之重，全面实施乡村振兴战略。实现巩固拓展脱贫攻坚成果同乡村振兴有效衔接，接续推动脱贫摘帽地区乡村全面振兴，促进经济社会发展和群众生活改善。确保谷物基本自给、口粮绝对安全，确保中国人的饭碗牢牢端

在自己手中。坚持推动农业供给侧结构性改革，优化农业生产结构，优化农业生产区域布局，加强粮食生产功能区、重要农产品生产保护区和特色农产品优势区建设。

提高人民生活品质是畅通国内大循环的出发点和落脚点，也是国内国际双循环相互促进的关键联结点。适应人民群众需求变化，努力办好各项民生事业，让老百姓的日子越过越好，是社会主义生产的根本目的。坚持按劳分配为主体、多种分配方式并存，提高劳动报酬在初次分配中的比重，健全工资合理增长机制，探索通过土地、资本等要素使用权、收益权增加中低收入群体要素收入，切实保障劳动者待遇和权益，不断壮大中等收入群体。坚持问题导向，多谋民生之利、多解民生之忧，坚持尽力而为、量力而行，加快补齐短板弱项，扎实推动共同富裕，不断增强人民群众获得感、幸福感、安全感。

牢牢守住安全发展这条底线是构建新发展格局的重要前提和保障，也是畅通国内大循环的题中应有之义。坚持总体国家安全观，坚持国家利益至上，以人民安全为宗旨，以政治安全为根本，加强国家安全体系和能力建设。把握好开放和安全的关系，织密织牢开放安全网，增强在对外开放环境中动态维护国家安全的本领。把保护人民生命安全摆在首位，全面提高公共安全保障能力，促进人民安居乐业、社会安定有序、国家长治久安。

总而言之，加快构建新发展格局，不仅能够凭借稳固的国内经济循环吸引全球要素资源，还能增强国内国际两个市场、两种资源的联动效应，从而推动建成现代化经济体系。构建新发展格局，有助于解决我国发展不平衡不充分的问

题，提升人民生活品质，增强公共安全保障能力，是推动高质量发展的战略基点。因此，在新发展阶段贯彻新发展理念，必然要求我们构建新发展格局，这是基于对形势的深刻洞察和审慎考量所作出的重大决策。

（作者系北京大学习近平新时代中国特色社会主义思想研究院研究员、博士生导师）

2024 年 11 月 29 日《学习时报》

为什么说全面从严治党开辟了
百年大党自我革命新境界

— · 马　丽 · —

扫描观看
同名微视频

2022年1月18日，习近平总书记在十九届中央纪委六次全会上指出，“全面从严治党是新时代党的自我革命的伟大实践，开辟了百年大党自我革命的新境界”。这是习近平总书记对全面从严治党与党的自我革命的辩证关系作出的深刻论述。坚持自我革命是党百年奋斗的一条宝贵历史经验，全面从严治党是新时代党治国理政的一个鲜明特征。党的十八大以来，全面从严治党取得了历史性、开创性成就，产生了全方位、深层次影响。通过全面从严治党，我们党探索出依靠党的自我革命跳出历史周期率的成功路径，也找到了党永葆生机活力、走好新的赶考之路的必由之路。

第一，自我革命是党百年奋斗锤炼的鲜明品

格。党的十八大以来，习近平总书记多次提及和使用自我革命这一概念。什么是自我革命？党的自我革命内涵大致可以理解为"坚持真理、修正错误，发现问题、纠正偏差"。党的十九届六中全会通过的《中共中央关于党的百年奋斗重大成就和历史经验的决议》，把"坚持自我革命"概括为党百年奋斗的历史经验之一，揭示了我们党永葆生机活力、始终立于不败之地的力量源泉。习近平总书记在党的十九届六中全会上明确指出："我们党历史这么长、规模这么大、执政这么久，如何跳出治乱兴衰的历史周期率？毛泽东同志在延安的窑洞里给出了第一个答案，这就是'只有让人民来监督政府，政府才不敢松懈'。经过百年奋斗特别是党的十八大以来新的实践，我们党又给出了第二个答案，这就是自我革命。"

先进的马克思主义政党不是天生的，而是在不断自我革命中淬炼而成的。在百年奋斗历程中，党领导人民取得一个又一个伟大成就、战胜一个又一个艰难险阻，原因就在于党勇于自我革命，始终保持先进性和纯洁性，不断增强创造力、凝聚力、战斗力，从而永葆马克思主义政党本色。

党成立之初，就旗帜鲜明反对腐败。早在1926年8月，刚刚成立几年的中国共产党就专门发布了关于坚决清洗贪污腐化分子的通告，这是党的历史上颁布的第一个惩治贪污腐败分子的专门性文件，彰显了我们党敢于直面自身存在问题的勇气和自觉。从八七会议、古田会议到遵义会议，从延安整风运动到党的十一届三中全会，我们党始终顺应历史潮流，与时俱进、砥砺前行，在生死斗争和艰苦奋斗中不断发展壮大，团结带领人民创造了不同历史时期的伟大成就。中国共产党的百年征程，既是一部波澜壮阔的社会革命史，也是一部激浊扬清的自我革命史。

第二，全面从严治党是新时代党的自我革命的伟大实践。党的十八大以来，我们党把全面从严治党作为新时代党的建设的鲜明主题，提出一系列创新理念，实施一系列变革实践，健全一系列制度规范，推动党的建设这项伟大工程不断深化发展。2014 年，习近平总书记在江苏调研时首次提出"全面从严治党"，此后，"全面从严治党"被系统纳入"四个全面"战略布局并进行总体部署。

2016 年 1 月，习近平总书记在十八届中央纪委六次全会上对全面从严治党的科学内涵进行阐释："全面从严治党，核心是加强党的领导，基础在全面，关键在严，要害在治。"所谓"核

心是加强党的领导", 指的是全面从严治党要紧紧围绕坚持和加强党的全面领导这一宗旨展开, 也要在党的领导下进行。"基础在全面", 指的是全面从严治党要做到管全党、治全党, 要坚持无死角、无禁区。"关键在严", 指的是要"真管真严、敢管敢严、长管长严"。"要害在治", 就是从党中央到省市县党委, 从中央部委、国家机关部门党组（党委）到基层党支部, 都要肩负起主体责任, 党委书记要把抓好党建当作分内之事、必须担当的职责; 各级纪委要担负起监督责任, 敢于瞪眼黑脸, 勇于执纪问责。我们党用全面从严治党的政治责任来保障党的建设各项工作真正落地生效。

党中央把全面从严治党作为新时代党的建设的鲜明主题体现了深刻的问题导向。党的二十大报告指出: 十年前, 党内存在不少对坚持党的领导认识模糊、行动乏力问题，存在不少落实党的领导弱化、虚化、淡化问题，有些党员、干部政治信仰发生动摇。在此背景下，党中央作出全面从严治党的战略部署，并以坚定决心、顽强意志加以推进，就是要团结带领全党解决党内存在的突出问题、开创党的建设新局面，并为党和国家事业取得历史性成就、发生历史性变革提供坚强政治保证。

第三，全面从严治党取得了历史性、开创性成就，产生了全方位、深层次影响。党的十八大以来，全面从严治党成效卓著。一是实践方面的突出效能。据党的二十大新闻中心记者招待会上发布的数据，党的十八大以来，全国纪检监察机关共立案464.8万余件，其中，立案审查调查中管干部553人，处分厅局级干部2.5万多人、县处级干部18.2万多人。全面从严治党得到人民

群众坚定支持和认可，2022 年国家统计局民意调查显示，97.4% 的群众对全面从严治党、党风廉政建设和反腐败工作成效表示满意，比 2012 年提高 22.4 个百分点。新时代党的自我革命构筑了推进伟大社会革命的坚强保障。二是理论方面的创新发展。建设什么样的长期执政的马克思主义政党、怎样建设长期执政的马克思主义政党，是新时代中国共产党需要面对和解答的重大时代课题。在新时代十年全面从严治党的实践和理论探索中，我们不断深化对管党治党、兴党强党的规律性认识，形成了一系列重要理论成果。例如：首次提出并系统阐述习近平总书记关于党的建设的重要思想，用"十三个坚持"深刻阐明了党的建设的根本原则、科学布局、价值追求、重点任务；系统回答了我们党为什么要自我革命、为什么能自我革命、怎样推进自我革命等

重大问题，提出在深入推进党的自我革命实践中
需要把握好的九个问题，形成了习近平总书记关
于党的自我革命的重要思想；提出了"大党独
有难题"这一重要命题，用如何始终不忘初心、
牢记使命，如何始终统一思想、统一意志、统一
行动，如何始终具备强大的执政能力和领导水
平，如何始终保持干事创业精神状态，如何始终
能够及时发现和解决自身存在的问题，如何始终
保持风清气正的政治生态这"六个如何始终"
对大党独有难题进行系统阐释；对如何进一步健
全内容上全涵盖、对象上全覆盖、责任上全链
条、制度上全贯通的全面从严治党体系进行了系
统思考。

习近平总书记在党的二十大报告中指出：
"全党必须牢记，全面从严治党永远在路上，党
的自我革命永远在路上，决不能有松劲歇脚、疲

劳厌战的情绪，必须持之以恒推进全面从严治党，深入推进新时代党的建设新的伟大工程，以党的自我革命引领社会革命。"全面从严治党所开辟的百年大党自我革命新境界让我们看到，我们党在坚持和发展中国特色社会主义的历史进程中必定能够始终成为坚强领导核心，带领全党全军全国各族人民不断夺取全面建设社会主义现代化国家新胜利。

（作者系中央党校（国家行政学院）党的建设教研部教授）

2024 年 12 月 6 日《学习时报》

为什么说人民民主是社会主义的生命，是全面建设社会主义现代化国家的应有之义

-·莫纪宏·-

扫描观看
同名微视频

理响中国·学习问答
——为什么坚持走这样的路

　　习近平总书记在党的二十大报告中指出：
"人民民主是社会主义的生命，是全面建设社会
主义现代化国家的应有之义。"这是从马克思主
义立场、观点和方法出发，对人民民主与社会主
义、全面建设社会主义现代化国家之间相互关系
形成的科学认识。因此，必须从人民民主的历史
发展、理论内涵和实践意义三个角度对人民民主
与社会主义、全面建设社会主义现代化国家、社
会主义制度之间的相互关系做整体和系统地把握。

　　从历史发展的角度来认识人民民主与社会主
义之间的关系，人民民主只有在社会主义制度下
才能真正得到实现。

　　民主是一个历史的范畴，是从古希腊城邦国
家的民主政体开始的。古希腊语中的"demokratia"

最初的含义言指"多数人统治"或"人民的统治"，是古希腊城邦国家雅典形成的一种治理方式，解决的问题就是公共意志如何有效形成并发挥治理作用。但在古希腊城邦国家雅典存在过的"民主"只是人群中的特定人才能享有，即雅典城邦国家的所有公民，非公民身份的外邦人、奴隶及妇女等则不能成为享有"民主"的主体。

享有"民主"的主体从特定人群向不特定人群的拓展肇始于资产阶级革命时期的自然法思想。卢梭等资产阶级启蒙思想家从反对封建等级特权的合理性出发，运用自然法假说，提出了世俗社会意义上的"人民主权"学说，首次将"民主"主体扩展到一般意义上的"人民"的范围。1789年法国的人权宣言甚至将人权主体扩展到了具有自然人特征的一般意义上的"人"。美国在1787年制定的人类历史上第一部成文宪

法的序言中也强调"我们人民"的主体地位。

真正在政治理论上对人民民主中的"人民"的内涵给出比较清晰的群体界定的是 1918 年列宁起草并成为第一个社会主义性质宪法性文件的《被剥削劳动人民权利宣言》。该宣言首次将"人民"与"劳动"结合起来,把苏维埃政权的合法性基础建立在工人、农民等劳动群众这一广泛的社会群体基础之上。

1949 年 9 月,由中国人民政治协商会议第一届全体会议通过的《中国人民政治协商会议共同纲领》规定了"人民的权利"。1954 年宪法第 1 条开宗明义规定:"中华人民共和国是工人阶级领导的、以工农联盟为基础的人民民主国家。"上述规定以宪法规范的形式肯定了"人民民主"的宪法地位,并将中华人民共和国国体的性质确定为"人民民主国家"。1982 年现行宪法又表述为"人民民主专政的社会主义国家"。
不论是"人民民主国家",还是"人民民主专政
的社会主义国家",都是人民作为享有社会主义
民主的主体。所以说,人民民主只有在社会主义
制度下才能真正得到实现。

从理论内涵的角度来认识人民民主与全面建
设社会主义现代化国家之间的关系,全面建设社
会主义现代化国家必须依靠人民。

在社会主义制度下,人民是国家的主人,人
民通过各种途径和方式来行使当家作主的民主权
利,参与国家治理和社会治理,建设社会主义现
代化国家。人民是社会主义现代化建设的主体,
社会主义现代化建设的目标是为了人民,因此,
社会主义现代化建设必须依靠人民。

中国共产党领导是中国特色社会主义最本质
的特征。习近平总书记在庆祝中国共产党成立

100 周年大会上的讲话中指出，江山就是人民、人民就是江山，打江山、守江山，守的是人民的心。中国共产党根基在人民、血脉在人民、力量在人民。中国共产党始终代表最广大人民根本利益，与人民休戚与共、生死相依，没有任何自己特殊的利益，从来不代表任何利益集团、任何权势团体、任何特权阶层的利益。因此，坚持中国共产党领导就是要保证人民有效地行使当家作主的民主权利。没有中国共产党领导，就没有社会主义，也就没有人民民主。

社会主义本质上就是要保证人民当家作主，保证人民民主得到充分有效的实现。人民是历史的创造者，是决定党和国家前途命运的根本力量。必须坚持人民主体地位，坚持立党为公、执政为民，践行全心全意为人民服务的根本宗旨，把党的群众路线贯彻到治国理政全部活动之中，把人民对美好生活的向往作为奋斗目标，依靠人民创造历史伟业。

现代化的最终目标是实现人自由而全面的发展。人民是现代化建设的重要参与者，也是现代化成果的享有者。推进中国式现代化，必须坚持人民的主体地位，切实保证人民当家作主。党的二十大报告将发展全过程人民民主作为中国式现代化的本质要求之一，科学地揭示了人民民主与全面建设社会主义现代化国家之间的辩证关系。发展全过程人民民主符合人民对美好生活的向往，没有民主的现代化是低质量的现代化，离开人民民主作为制度基础的现代化也不可能具有稳定性、连续性。人民民主是制度现代化的重要特征，也是全面建设社会主义现代化国家的重要条件和制度保障。

从实践意义的角度来认识人民民主与社会主

义制度之间的关系，人民民主与社会主义制度的
完善发展相辅相成、齐头并进。

从社会主义的发展历史来看，社会主义制度
越完善，人民民主的主体范围就越广泛，人民参
与社会主义民主建设的积极性和主动性就越高，
社会主义制度的根基就越牢靠。

1982 年现行宪法序言明确规定：社会主义
的建设事业必须依靠工人、农民和知识分子，团
结一切可以团结的力量。在长期的革命和建设过
程中，已经结成由中国共产党领导的，有各民主
党派和各人民团体参加的，包括全体社会主义劳
动者、拥护社会主义的爱国者和拥护祖国统一的
爱国者的广泛的爱国统一战线，这个统一战线将
继续巩固和发展。上述规定从制度上勾画了新时
期社会主义民主的主体"人民"的范围。其中，
"工人""农民""知识分子"是人民的主体部

分，此外，"全体社会主义劳动者""拥护社会
主义的爱国者"和"拥护祖国统一的爱国者"
都属于"一切可以团结的力量"，应当界定在
"人民"的范围。2004年我国现行宪法第四次修
正时，又在宪法序言中增加了"社会主义事业的
建设者"这个群体作为"一切可以团结的力量"。
由此可见，社会主义制度越是发展，享有民主权
利的人民的范围就越大，人民民主也就越能够充
分发挥自身的民主功能。人民民主与社会主义通
过民主实践与社会主义革命、建设和改革的实践
有机结合在一起，相互促进、共同发展，逐渐形
成一条中国特色社会主义民主政治发展道路。

（作者系中国社会科学院学部委员，法学研究所
所长、研究员）

2024年12月13日《学习时报》

为什么说全面依法治国是国家治理的一场深刻革命

－·曹　鎏·－

扫描观看
同名微视频

党的十八大以来，以习近平同志为核心的党中央把全面依法治国纳入"四个全面"战略布局，推动中国特色社会主义法治体系建设取得历史性成就，法治中国建设开创新局面。习近平总书记多次强调，"全面依法治国是国家治理的一场深刻革命"，这一论断具有深远的重要意义。全面依法治国，关系党执政兴国，关系人民幸福安康，关系党和国家长治久安，是一个系统工程。推进全面依法治国，必须深刻认识全面依法治国是国家治理的一场深刻革命的重要内涵，总结好、运用好党关于新时代加强法治建设的思想理论成果，更好指导全面依法治国各项工作。

法治是治国理政的基本方式。我国的国家治理体系是在党的领导下管理国家的制度体系，包

括经济、政治、文化、社会、生态文明和党的建
设等各领域体制机制、法律法规安排。只有全面
依法治国才能有效保障国家治理体系的系统性、
规范性、协调性，才能最大限度凝聚社会共识。
通过全面推进科学立法、严格执法、公正司法、
全民守法，使党和国家各项事业、各项工作都在
法治框架内有序推进，为党和国家事业发展提供
根本性全局性长期性的制度保障，充分发挥法治
固根本、稳预期、利长远的保障作用。

法治是中国式现代化的重要保障。习近平总
书记指出，"一个现代化国家必然是法治国家"。
从党的十八届三中全会提出全面深化改革总目
标，到党的二十届三中全会谋划围绕推进中国式
现代化进一步全面深化改革的总体部署，锚定继
续完善和发展中国特色社会主义制度、推进国家
治理体系和治理能力现代化的总目标，我们党把

制度建设和治理能力建设摆在更加突出的位置。
在法治轨道上推进国家治理体系和治理能力现代
化成为全面建设社会主义现代化国家、实现中华
民族伟大复兴中国梦的应有之义。现代化进程会
带来巨大变革和利益调整，法治作为现代国家治
理的重要组成部分，对于规范协调现代化进程中
涉及的各种复杂利益关系有着至关重要的作用。
全面依法治国是推进国家治理现代化的重要内
容，必须始终坚持发挥全面依法治国的制度优势
和治理效能，把良法善治的要求贯穿国家治理全
过程和各方面，解放和增强社会活力、促进社会
公平正义、维护社会和谐稳定、确保党和国家长
治久安。

全面依法治国是一项长期而重大的历史任
务。习近平总书记强调："全面推进依法治国是
一个系统工程，是国家治理领域一场广泛而深刻

的革命。"全面依法治国具有复杂性、艰巨性、长期性。首先，全面依法治国具有复杂性。全面依法治国是一项庞大的系统工程，不仅涉及经济建设、政治建设、文化建设、社会建设、生态文明建设、国防军队建设、党的建设等各领域，还涉及改革发展稳定、内政外交国防、治党治国治军等各个方面。其次，全面依法治国具有艰巨性。必须坚持依法治国、依法执政、依法行政共同推进，破除一切妨碍依法治国、依法执政、依法行政的体制机制弊端。党的十八大以来，党中央把法治领域改革作为全面深化改革的重要方面和重大任务而强力推进，以法治思维和法治方式推进改革，许多重大法治改革举措都是制度性重构，但还有许多硬骨头要啃。最后，全面依法治国具有长期性。中国特色社会主义实践向前推进一步，法治建设就要跟进一步。全面依法治国不

是一次性的行动，而是一个长期的过程，需要不
断适应新形势、新任务、新要求，持续推进。例
如，近年来各地区、各部门积极贯彻党中央和国
务院重大决策部署，全面落实行政执法三项制
度，深入推进行政执法体制改革，加强行政执法
协调监督，行政执法能力和水平有了较大提高。
但行政执法不作为乱作为、执法不严格不规范不
文明不透明等问题仍时有发生，侵害了人民群众
合法权益，损害了政府公信力。2023 年 8 月，
国务院办公厅印发《提升行政执法质量三年行
动计划（2023—2025 年）》，要求各地区、各部
门开展专项整治和监督行动，并规定开展专项整
治和监督行动的时间节点和工作步骤，确保行动
落地见效。

党的二十大报告指出，"必须持之以恒推进
全面从严治党，深入推进新时代党的建设新的伟

大工程，以党的自我革命引领社会革命"。勇于
自我革命，是我们党最鲜明的品格，也是我们党
最大的优势。党的十八大以来，以习近平同志为
核心的党中央坚持依法治国和依规治党有机统
一，形成了比较完善的党内法规制度体系，为党
的自我革命提供了坚实制度保障。以党的自我革
命引领社会革命，是深入推进新时代党的建设新
的伟大工程的内在要求，也是落实新时代党的建
设总要求的必然选择。坚定不移推进依规治党是
党的自我革命和全面依法治国的重要方面。
习近平总书记强调："要发挥依法治国和依规治
党的互补性作用，确保党既依据宪法法律治国理
政，又依据党内法规管党治党、从严治党。"通
过充分发挥国家法律和党内法规的互补性作用，
注重党内法规同国家法律的衔接和协调，扎牢扎
密制度的笼子，深入推进党的自我革命，并为伟

大社会革命提供规范支持和制度保障。

综上所述，全面依法治国是国家治理的一场深刻革命。全面依法治国必须整体谋划，注重系统性、整体性、协同性。党的领导是中国特色社会主义法治之魂，是推进全面依法治国的根本保证。全面依法治国必须坚持党的领导，充分发挥党总揽全局、协调各方的领导核心作用，并贯彻到全过程、各方面。通过全面依法治国持续纵深推进，确保中国式现代化建设不断取得新跃升。

（作者系中国政法大学法治政府研究院副院长、教授、博士生导师）

2024 年 12 月 20 日《学习时报》

为什么说构建人类命运共同体，形成了共建美好世界的最大公约数

–·王义桅·–

扫描观看
同名微视频

习近平主席在中华人民共和国恢复联合国合法席位 50 周年纪念会议上的讲话中指出，"推动构建人类命运共同体，不是以一种制度代替另一种制度，不是以一种文明代替另一种文明，而是不同社会制度、不同意识形态、不同历史文化、不同发展水平的国家在国际事务中利益共生、权利共享、责任共担，形成共建美好世界的最大公约数"。构建人类命运共同体是对建设一个什么样的世界、怎样建设这个世界给出的中国方案，顺应了各国人民的普遍愿望，指明了世界文明进步的方向，是新时代中国特色大国外交追求的崇高目标。

构建人类命运共同体具有重大理论价值、深远世界意义、强大实践伟力。构建人类命运共同体是在坚持马克思主义世界历史理论、共同体思想等的基础上，形成的对人类前途命运更具历史纵深的思考、对人类进步方向更具时代特征的指引，赋予马克思主义新的时代意义和现实意义。深刻理解以上要素，才能更准确把握"构建人类命运共同体，不是以一种制度代替另一种制度，不是以一种文明代替另一种文明"的丰富内涵。

首先，构建人类命运共同体理念丰富和发展了马克思主义世界历史理论。马克思、恩格斯在《德意志意识形态》一文中说："各民族的原始封闭状态由于日益完善的生产方式、交往以及因交往而自然形成的不同民族之间的分工消灭得越是彻底，历史也就越是成为世界历史。"马克思、恩格斯运用历史唯物主义分析人类社会形态演进规律，用"自由人联合体"描绘未来共产

主义社会，提出了共同体思想。

自由人联合体的实现意味着全人类的解放，也是人类历史发展的最高阶段。马克思描绘的自由人联合体是超越工业经济时代人的异化而设想的概念。今天，工业经济依然存在，数字经济正在全面崛起。人类命运共同体深刻描绘了数字经济时代生产方式、生活方式催生的思维理念。构建人类命运共同体理念强调命运与共，主张"各国历史文化和社会制度各有千秋，没有高低优劣之分，关键在于是否符合本国国情，能否获得人民拥护和支持，能否带来政治稳定、社会进步、民生改善，能否为人类进步事业作出贡献"。

其次，构建人类命运共同体理念体现了中华文明中的"和合"观。中华文化崇尚和谐，中国"和"文化源远流长，蕴含着天人合一的宇

宙观、协和万邦的国际观、和而不同的社会观、
人心和善的道德观。在 5000 多年的文明发展中，
中华民族一直追求和传承着和平、和睦、和谐的
坚定理念。和衷共济、和合共生是中华民族的历
史基因，也是东方文明的精髓。构建人类命运共
同体理念将"和而不同"理念拓展到追求全人
类共同价值高度。

当今世界正经历百年未有之大变局。习近平
主席指出，"人类社会再次面临何去何从的历史
当口，是敌视对立还是相互尊重？是封闭脱钩还
是开放合作？是零和博弈还是互利共赢？选择就
在我们手中，责任就在我们肩上。人类是一个整
体，地球是一个家园。面对共同挑战，任何人任
何国家都无法独善其身，人类只有和衷共济、和
合共生这一条出路"。人类命运共同体理念主张
世界各国同呼吸、共命运，具有开放包容、公平

正义、和谐共处、多元互鉴、团结协作的鲜明特征。构建人类命运共同体倡导尊重国家主权，主张世界命运应该由各国共同掌握，国际规则应该由各国共同书写，全球事务应该由各国共同治理，发展成果应该由各国共同分享。

目前，在全球治理中存在普遍的先发优势、规则锁定、路径依赖等现象，现行国际秩序不适应时代发展的一面更加凸显。而构建人类命运共同体理念倡导共商共建共享的全球治理观，这在"一带一路"国际合作中得到充分体现，因此吸引到世界上四分之三以上国家的热烈响应和积极参与。在构建人类命运共同体理念指引下，中国还倡导构建以合作共赢为核心的新型国际关系，深化拓展平等、开放、合作的全球伙伴关系，深信"世事变迁，和平发展始终是主旋律，合作共赢始终是硬道理"。

最后，构建人类命运共同体理念契合了时代
发展潮流。《携手构建人类命运共同体：中国的
倡议与行动》白皮书指出："人们普遍认识到，
和平稳定、物质丰富、精神富有是人类社会发展
的基本追求。发展是安全和文明的物质基础，安
全是发展和文明的根本前提，文明是发展和安全
的精神支撑。中国提出全球发展倡议、全球安全
倡议、全球文明倡议，从发展、安全、文明三个
维度指明人类社会前进方向，彼此呼应、相得益
彰，成为推动构建人类命运共同体的重要依托，
是解答事关人类和平与发展重大问题的中国方
案。"全球发展倡议同联合国2030年可持续发展
议程高度契合，尤其呼应了广大发展中国家追求
发展的心声；全球安全倡议秉持共同安全理念，
重视综合施策，坚持合作之道，寻求可持续安
全，为应对国际安全挑战贡献智慧；全球文明倡

议倡导所有国家尊重世界文明多样性，有助于促进不同文明交流互鉴。为中国人民谋幸福、为中华民族谋复兴是中国共产党人的初心使命，以中国式现代化全面推进强国建设、民族复兴伟业，是新时代新征程党和国家的中心任务。构建人类命运共同体是中国式现代化的本质要求之一，不仅被写进了《中国共产党章程》《中华人民共和国宪法》，也多次写进联合国有关的决议，被第71届联合国大会主席彼得·汤姆森称为"人类在这个星球上的唯一未来"。构建人类命运共同体理念，着眼全人类的福祉，既有现实思考，又有未来前瞻；既描绘了美好愿景，又提供了实践路径和行动方案；既关乎人类的前途，也攸关每一个体的命运。中国不仅是推动构建人类命运共同体的积极倡导者，更是坚定实践者。共建"一带一路"倡议是构建人类命运共同体的生动实践，为各国共同发展开辟了新道路。

总之，构建人类命运共同体，不是以一种制度代替另一种制度，不是以一种文明代替另一种文明，而是推进国际关系民主化，推动全球治理朝着更加公正合理的方向发展，符合全人类共同利益，反映了世界人民追求和平、正义、进步的心声。人类命运共同体是引领时代潮流和人类前进方向的鲜明旗帜，是人间正道，充分彰显了中国共产党人"为人类谋进步、为世界谋大同"的天下情怀。

（作者系中国人民大学习近平新时代中国特色社会主义思想研究院副院长、教授、博士生导师）

2024 年 12 月 27 日《学习时报》

后　记

为庆祝中华人民共和国成立 75 周年，学习时报社策划并制作了《理响中国·学习问答——为什么要走这样的路》系列理论短视频。该系列短视频一经在新媒体平台发布，便迅速引发了热烈的社会反响，成为理论传播领域的一大亮点。

"学习强国"、央视网、中国网、中国经济网、中国日报网等中央新闻媒体，上观新闻网、千龙网等地方媒体，以及宣讲家网、网易视频等商业媒体平台转载，40 多家媒体的网站和新媒体平台转发，仅"学习强国"平台总点击量就已破千万，全网播放量达到 2400 万。

"学习问答"系列微视频是继"党校公开课""党校微讲堂"后学习时报社又一倾力打造的融媒体内容产品。该系列视频聚焦"为什么要走这样的路"这一理论主题，深入浅出地解读中国特色社会主义道路的理论依据与实践成果。通过丰富翔实的案例分析以及权威专家的专业解读，全方位展现了中国特色社会主义道路的历史背景、发展脉络，并紧密结合当前社会热点问题，将理论与现实紧密相连，使抽象的理论变得生动鲜活，极大地增强了读者对中国特色社会主义道路的认同感与自豪感，在理论普及和思想引领方面发挥了重要作用。

为进一步扩大系列短视频的传播效果，让更多人能够深入学习和理解其中的理论内涵，我们在学习时报上同步刊发了短视频讲稿的文字版。

理响中国·学习问答
——为什么坚持走这样的路

应人民出版社之邀出版同名图书《理响中国·学习问答——为什么坚持走这样的路》。通过图书这一载体，为广大读者提供更为系统、深入的学习资料，推动中国特色社会主义道路相关理论的学习与传播，凝聚起更为广泛的思想共识和奋进力量。

责任编辑：刘志宏

封面设计：汪　阳

版式设计：王　婷

责任校对：周　昕

图书在版编目（CIP）数据

理响中国·学习问答 ：为什么坚持走这样的路 ／ 学
习时报编辑部编. -- 北京 ： 人民出版社，2025. 6.
（2025. 10 重印）
ISBN 978 - 7 - 01 - 027246 - 7

Ⅰ. D610. 4

中国国家版本馆 CIP 数据核字第 2025QY6344 号

理响中国·学习问答
LI XIANG ZHONGGUO XUEXI WENDA

——为什么坚持走这样的路

学习时报编辑部　编

人 民 出 版 社 出版发行
（100706　北京市东城区隆福寺街 99 号）

北京中科印刷有限公司印刷　新华书店经销

2025 年 6 月第 1 版　2025 年 10 月北京第 3 次印刷
开本 :880 毫米×1230 毫米 1/32　印张 :3. 25
字数 :39 千字

ISBN 978 - 7 - 01 - 027246 - 7　定价 :22. 00 元

邮购地址 100706　北京市东城区隆福寺街 99 号
人民东方图书销售中心　电话（010）65250042　65289539